So wird es gemacht:

Öffne das LÜK®-Kontrollgerät und lege die Plättchen in den unbedruckten Deckel. Jetzt kannst du auf den Plättchen und im Geräteboden die Zahlen 1 bis 24 sehen.

Beispiel: Seite 2 **Wie hört das Wort auf?**
Nimm das Plättchen 1 und sieh dir das Bild 1 an.

Du siehst einen Hut und dieses Wort endet mit einem t. Neben dem t steht die 17. Das ist auch die Feldzahl im Kontrollgerät, auf die du das Plättchen legst. Lege also das Plättchen 1 auf das Feld 17 im Geräteboden. Die Zahl 1 muss nach oben zeigen.

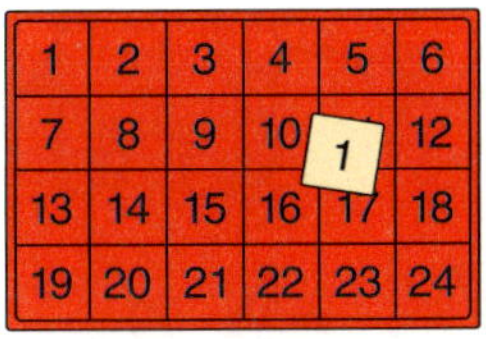

So arbeitest du weiter, bis alle Plättchen im Geräteboden liegen. Schließe dann das Gerät und drehe es um. Öffne es von der Rückseite. Wenn du das bei der Übungsreihe abgebildete Lösungsmuster siehst, hast du alle Aufgaben richtig gelöst.

Passen einige Plättchen nicht in das Muster, dann hast du dort Fehler gemacht. Drehe diese Plättchen da, wo sie liegen, um, schließe das Gerät, drehe es um und öffne es wieder. Jetzt kannst du sehen, welche Aufgaben du falsch gelöst hast. Nimm diese Plättchen heraus und suche die richtigen Ergebnisse.
Kontrolliere dann noch einmal. Stimmt jetzt das Muster?

Das System ist für alle Übungen gleich:
Die roten Aufgabennummern 1 im Heft entsprechen immer den LÜK-Plättchen 1 aus dem Lösungsgerät.
Die schwarzen Zahlen hinter den Lösungsworten, -buchstaben oder -bildern sagen dir, auf welche Felder des Gerätes du die Plättchen legst.

Und nun viel Spaß!

Wie hört das Wort auf?

Wenn du die Mehrzahl bildest, hörst du den letzten Buchstaben deutlich: ► die Näh<u>te</u> ; ► die Rä<u>der</u>

1

d	21
t	17

2

d	13
t	8

3

d	14
t	16

4

d	21
t	18

5

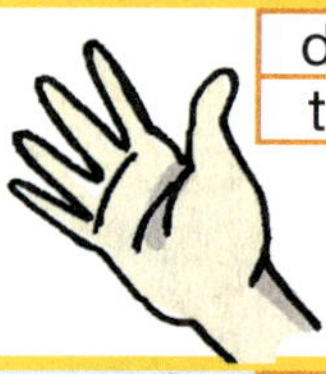

d	3
t	7

6

d	14
t	9

7

d	6
t	1

8

d	5
t	12

9

d	11
t	15

10

d	4
t	19

11

d	24
t	6

12

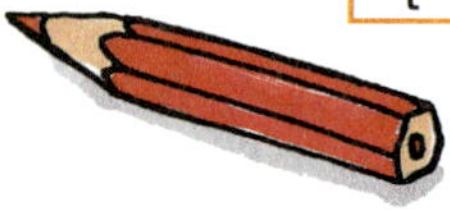

d	19
t	2

13

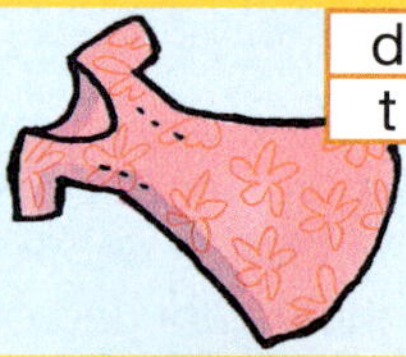

d	23
t	10

14

d	19
t	20

15

d	10
t	21

16

d	24
t	11

17

d	22
t	7

18

d	22
t	9

19

d	8
t	20

20

d	10
t	11

21

d	16
t	9

22

d	20
t	15

23

d	17
t	12

24

d	10
t	3

Wie hört das Wort auf?

Auch hier hilft dir die Mehrzahl oder eine andere Verlängerung des Wortes (der Freun__ d / __ t ▸ die Freun<u>de</u>; al__ d / t ▸ al<u>te</u>)

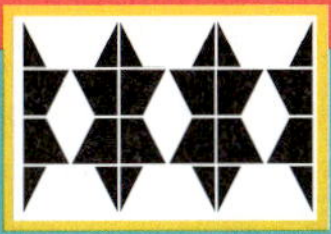

1	das Blu__	d	8	t	14
2	der Mon__	d	16	t	21
3	der Fein__	d	17	t	23
4	der Gur__	d	20	t	13
5	die Kraf__	d	23	t	6
6	der Grun__	d	15	t	3
7	das Fel__	d	4	t	11
8	die Glu__	d	7	t	2
9	das Kin__	d	18	t	12
10	das Wor__	d	23	t	5
11	das Lan__	d	1	t	19
12	das Gol__	d	3	t	9
13	der Punk__	d	13	t	20
14	das Boo__	d	10	t	22
15	der Stran__	d	24	t	15
16	die Flu__	d	12	t	19
17	der Freun__	d	10	t	8
18	die Ta__	d	11	t	23
19	das Am__	d	23	t	9
20	die Gedul__	d	8	t	14
21	die Gewal__	d	13	t	12
22	das Pfun__	d	21	t	16
23	das Bee__	d	17	t	7
24	der Hel__	d	11	t	21

1	gesun__	d	9	t	22
2	bun__	d	16	t	11
3	run__	d	8	t	1
4	har__	d	17	t	10
5	al__	d	2	t	19
6	wil__	d	12	t	5
7	kal__	d	18	t	23
8	zar__	d	3	t	21
9	tausen__	d	7	t	14
10	blin__	d	20	t	2
11	wei__	d	16	t	22
12	bal__	d	24	t	6
13	brei__	d	15	t	3
14	dauern__	d	5	t	17
15	blon__	d	1	t	13
16	verkehr__	d	16	t	4
17	hunder__	d	12	t	17
18	schlech__	d	21	t	2
19	intelligen__	d	16	t	18
20	gehemm__	d	5	t	15
21	frem__	d	13	t	3
22	spä__	d	8	t	6
23	mil__	d	16	t	23
24	nieman__	d	14	t	24

Setze den richtigen Buchstaben ein!

Das b hörst du, wenn du das Wort verlängerst oder überlegst, woher es kommt: ▸ sie<u>ben</u> ; ▸ stau<u>big</u>

1

b	19
p	9

2

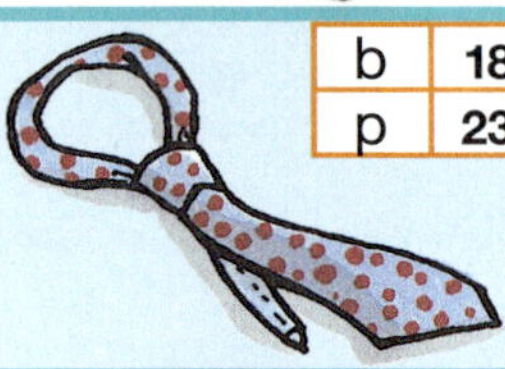

b	18
p	23

3

b	22
p	4

4

b	2
p	20

5

b	3
p	9

6

b	24
p	6

7

b	18
p	11

8

b	7
p	1

9

b	21
p	15

10

b	16
p	10

11

b	8
p	14

12

b	17
p	12

13

b	13
p	14

14

b	17
p	18

15

b	16
p	15

16

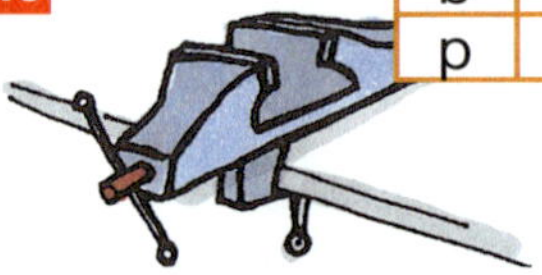

b	14
p	2

17

b	5
p	6

18

b	4
p	16

19

b	6
p	18

20

b	1
p	2

21

b	3
p	4

22

b	18
p	21

23

b	2
p	20

24

b	10
p	4

Kannst du diese Wörter richtig schreiben?

Hilf dir wie auf der vorigen Seite:
er pum__t b / p ▸ pumpen

1	Er pum_t das Wasser aus dem Keller.	b	24	p	23
2	Der Vogel pie_t vor Angst.	b	10	p	9
3	Die Patientin schwe_t in Lebensgefahr.	b	20	p	19
4	Der Baum stir_t.	b	12	p	11
5	Der Gärtner grä_t die Beete um.	b	1	p	2
6	Die Erde be_t.	b	10	p	3
7	Der Autofahrer hu_t.	b	15	p	4
8	Susi to_t durch die Wohnung.	b	17	p	18
9	Klaus plum_st aus dem Baum.	b	8	p	7
10	Der Nachbar rei_t sich die Hände.	b	14	p	13
11	Beate kni_st ein Foto von Oma.	b	5	p	6
12	Otto stül_t den Deckel auf den Brunnen.	b	16	p	3
13	Sie er_t einen Ring von ihrer Tante.	b	11	p	5
14	Matthias kle_t die Bilder in das Album.	b	22	p	21
15	Der Lehrer lo_t die Klasse.	b	19	p	13
16	Das Kind glau_t dem Fremden nicht.	b	24	p	18
17	Er lie_t seinen Teddy über alles.	b	15	p	21
18	Seine Bewegungen sind plum_.	b	2	p	8
19	Angelika ist bega_t.	b	16	p	17
20	Bettina ist betrü_t über ihre Zensur.	b	5	p	18
21	Er ist in der Schule belie_t.	b	13	p	14
22	Die Kinder ho_sen vor Freude umher.	b	22	p	21
23	Der kleine Hund ist sehr le_haft.	b	18	p	24
24	Die Stoffe werden gewe_t.	b	2	p	14

Denk nach und schreibe richtig!

1

g	13
k	14

2

g	17
k	18

3

g	10
k	11

4

Flu__

g	14
k	8

5

Strei__

g	9
k	3

6

g	18
k	12

7

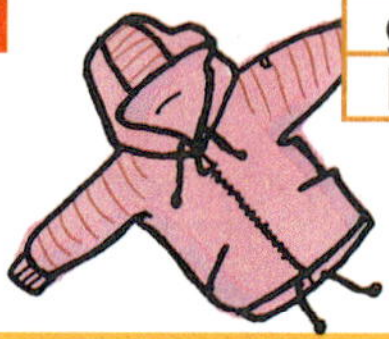

g	11
k	23

8

g	20
k	19

9

Musi__

g	15
k	9

10

We__

g	4
k	22

11

Bezir__

g	7
k	20

12

g	24
k	12

13

g	2
k	1

14

Schla__

g	5
k	6

15

Spu__

g	22
k	21

16

Vol__

g	8
k	2

17

g	11
k	12

18

Mar__

g	17
k	22

19

g	12
k	6

20

Betru__

g	7
k	8

21

Sie__

g	15
k	16

22

g	17
k	6

23

g	8
k	14

24

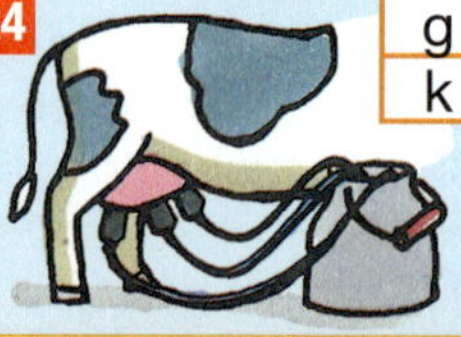

g	15
k	16

Weißt du den richtigen Buchstaben?

Du kannst ihn hören, wenn du die Mehrzahl bildest, das Wort verlängerst oder überlegst, woher es kommt: der Ta__g/k ► die Tage; gehar__t g/k ► harken

1	der Übertra__	g	23	k	24
2	der Ta__	g	19	k	13
3	der Honi__	g	22	k	16
4	das Uhrwer__	g	18	k	24
5	der Ste__	g	15	k	10
6	das Gebäl__	g	14	k	20
7	der Zu__	g	13	k	7
8	der Taba__	g	11	k	17
9	der Kuchentei__	g	21	k	22
10	der Unfu__	g	16	k	9
11	der So__	g	18	k	12
12	der Kal__	g	8	k	14
13	der Ke__s	g	6	k	11
14	der Bahnstei__	g	7	k	2
15	der Schal__	g	3	k	9
16	das Zeu__nis	g	12	k	5
17	der Stadtpar__	g	2	k	1
18	die Wir__samkeit	g	4	k	10
19	das Bir__huhn	g	8	k	2
20	der Kru__	g	5	k	6
21	der Mar__t	g	4	k	3
22	der Ge__ner	g	8	k	7
23	der Star__strom	g	11	k	6
24	das Wa__nis	g	4	k	15

1	verwel__t	g	16	k	9
2	verza__t	g	11	k	6
3	verfol__t	g	8	k	14
4	verstär__t	g	4	k	10
5	verkal__t	g	1	k	13
6	vergnü__t	g	24	k	17
7	vertil__t	g	5	k	12
8	verbür__t	g	21	k	15
9	bewöl__t	g	20	k	19
10	gehar__t	g	1	k	2
11	erre__t	g	22	k	3
12	eingeha__t	g	6	k	18
13	bele__t	g	3	k	4
14	gepar__t	g	12	k	23
15	genei__t	g	7	k	14
16	er wir__t	g	15	k	4
17	er mer__t	g	11	k	17
18	er kla__t	g	20	k	3
19	er qua__t	g	18	k	6
20	er wür__t	g	15	k	4
21	er pie__t	g	14	k	1
22	er trä__t	g	12	k	5
23	er sa__t	g	16	k	21
24	es quie__t	g	8	k	14

Höre genau hin und schreibe richtig!

1

ng	1
nk	2

2

ng	3
nk	4

3

ng	12
nk	18

4

ng	14
nk	8

5

ng	24
nk	17

6

ng	10
nk	16

7

ng	15
nk	21

8

ng	19
nk	13

9

ng	5
nk	11

10

ng	6
nk	23

11

ng	2
nk	7

12

ng	9
nk	4

13

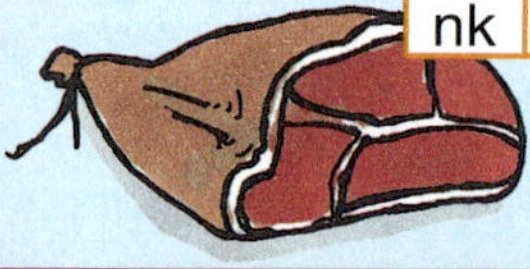

ng	20
nk	19

14

ng	21
nk	22

15

ng	24
nk	23

16

ng	8
nk	7

17

ng	9
nk	10

18

ng	12
nk	11

19

ng	10
nk	22

20

ng	7
nk	20

21

ng	24
nk	11

22

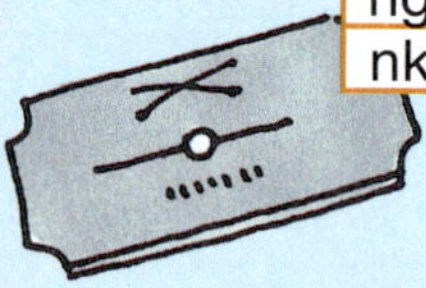

ng	10
nk	15

23

ng	20
nk	22

24

ng	18
nk	24

Überlege, woher das Wort kommt:

er tr — ingt / inkt ▸ trinken

1	er b	angt	23
		ankt	18
2	er tr	ingt	10
		inkt	15
3	er l	engt	19
		enkt	20
4	er vers	ingt	24
		inkt	12
5	er verl	angt	1
		ankt	19
6	er h	ingt	4
		inkt	16
7	er w	angt	22
		ankt	21
8	er schl	ingt	17
		inkt	18
9	er spr	ingt	7
		inkt	13
10	er schw	ingt	14
		inkt	2
11	er t	angt	11
		ankt	6
12	er zw	ingt	22
		inkt	9
13	er d	angt	18
		ankt	11
14	er schw	angt	4
		ankt	3
15	er r	ingt	19
		inkt	13
16	er br	ingt	24
		inkt	5
17	er z	angt	10
		ankt	9
18	er f	ängt	8
		änkt	2
19	er d	engt	4
		enkt	10
20	er w	ingt	2
		inkt	5
21	er h	ängt	13
		änkt	18
22	unbed	ingt	4
		inkt	9
23	beschr	ängt	17
		änkt	18
24	verj	üngt	2
		ünkt	7

Setze den richtigen Buchstaben ein!

Wenn du überlegst, woher das Wort kommt, hörst du, dass nicht alle Wörter mit e geschrieben werden:
▸ der Kranz ; ▸ die Hand

1

e	14
ä	19

2

e	24
ä	23

3

e	10
ä	16

4

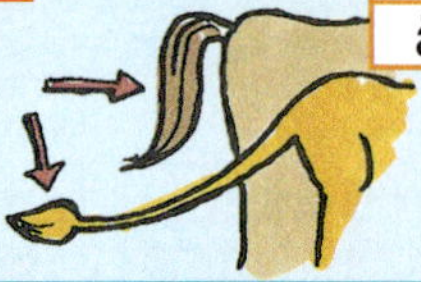

e	2
ä	8

5

e	3
ä	9

6

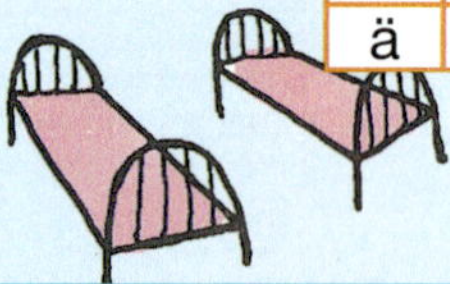

e	12
ä	17

7

e	11
ä	18

8

e	7
ä	1

9

e	3
ä	21

10

e	22
ä	16

11

e	13
ä	20

12

e	21
ä	24

13

e	1
ä	2

14

e	4
ä	5

15

e	3
ä	15

16

e	14
ä	6

17

e	13
ä	17

18

e	16
ä	18

19

e	6
ä	11

20

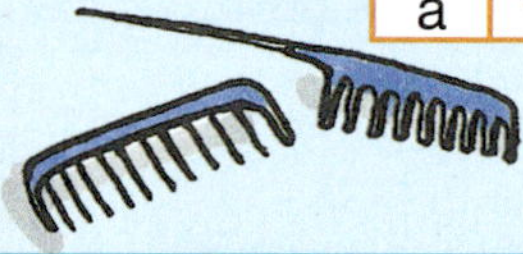

e	19
ä	13

21

e	15
ä	10

22

e	11
ä	18

23

e	2
ä	7

24

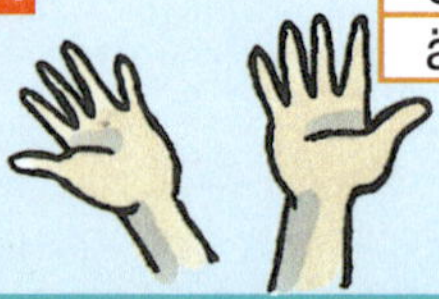

e	1
ä	4

Denk nach und schreibe richtig!

Überlege, ob das Wort in der Grundform ein a hat oder nicht! Dann weißt du, ob du e oder ä einsetzen musst: der B__cker ▸ backen; kl__glich ▸ klagen

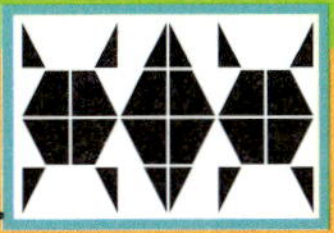

1	der K__llner	e	9	ä	10
2	der B__cker	e	1	ä	7
3	die Schw__ster	e	12	ä	17
4	der B__ttler	e	10	ä	4
5	der G__rtner	e	18	ä	6
6	die R__der	e	13	ä	8
7	der P__chter	e	4	ä	2
8	der F__chter	e	3	ä	9
9	der W__chter	e	7	ä	11
10	der R__tter	e	5	ä	8
11	das Gep__ck	e	12	ä	4
12	die K__rbe	e	1	ä	10
13	die K__lte	e	11	ä	21
14	die Br__mse	e	20	ä	23
15	der Fl__ck	e	24	ä	18
16	das Bl__ch	e	22	ä	17
17	die H__rte	e	19	ä	13
18	die F__hre	e	16	ä	23
19	die Bl__nde	e	14	ä	18
20	das Gel__nde	e	12	ä	15
21	der K__rn	e	17	ä	16
22	der H__ftling	e	13	ä	19
23	das Kn__ckebrot	e	10	ä	16
24	die R__chnung	e	18	ä	20

1	t__glich	e	10	ä	14
2	sch__dlich	e	12	ä	16
3	__rmlich	e	7	ä	17
4	h__rrlich	e	13	ä	11
5	erb__rmlich	e	19	ä	24
6	kr__nklich	e	9	ä	15
7	schm__rzlich	e	22	ä	21
8	l__nglich	e	19	ä	20
9	m__nschlich	e	18	ä	11
10	kl__glich	e	17	ä	23
11	st__rblich	e	19	ä	8
12	verg__sslich	e	21	ä	9
13	g__nzlich	e	7	ä	2
14	h__rzlich	e	4	ä	10
15	l__cherlich	e	11	ä	6
16	un__ndlich	e	1	ä	8
17	sp__rlich	e	12	ä	10
18	un__hrlich	e	5	ä	7
19	bew__glich	e	9	ä	3
20	beschw__rlich	e	8	ä	4
21	gef__hrlich	e	11	ä	12
22	erkl__rlich	e	2	ä	3
23	unverb__sserlich	e	7	ä	8
24	unübertr__fflich	e	11	ä	17

Jetzt wird es schwierig!

Hier gibt es keine Grundform, die dir hilft, den richtigen Buchstaben zu finden. Kannst du es trotzdem?

1

e	9
ä	24

2

e	13
ä	11

3

e	8
ä	18

4

e	14
ä	10

5

e	1
ä	6

6

e	12
ä	7

7

e	5
ä	17

8

e	4
ä	22

9

e	19
ä	7

10

e	2
ä	4

11

e	15
ä	21

12

e	6
ä	23

13

e	16
ä	4

14

e	24
ä	23

15

e	19
ä	14

16

e	3
ä	13

17

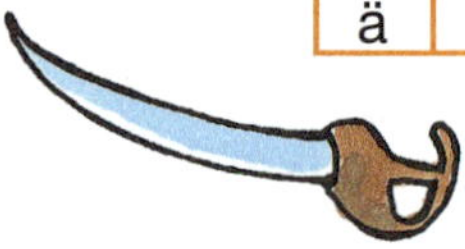

e	15
ä	17

18

e	20
ä	21

19

e	18
ä	24

20

e	12
ä	15

21

e	16
ä	13

22

e	14
ä	24

23

e	16
ä	18

24

e	10
ä	14

Weißt du den richtigen Buchstaben?

Auch hier hilft dir keine Grundform, keine Mehrzahl und keine Verlängerung!
Wenn du unsicher bist, nimm das Wörterbuch zu Hilfe!

1	der Sp__rber	e	2	ä	6	1	fr__ch	e	12	ä	1
2	der Sp__rling	e	4	ä	1	2	sp__t	e	22	ä	8
3	das M__rchen	e	19	ä	5	3	n__tt	e	16	ä	13
4	die G__mse	e	16	ä	1	4	schr__g	e	19	ä	11
5	die R__nte	e	11	ä	23	5	f__ttig	e	3	ä	21
6	die Z__lle	e	3	ä	21	6	schn__ll	e	7	ä	20
7	die Str__hne	e	22	ä	9	7	fr__md	e	2	ä	24
8	die Hy__ne	e	13	ä	7	8	z__h	e	17	ä	6
9	die Kr__mpe	e	6	ä	18	9	f__hig	e	9	ä	15
10	die Bl__hung	e	24	ä	12	10	s__lbst	e	4	ä	10
11	die W__rbung	e	8	ä	14	11	vorw__rts	e	23	ä	5
12	die D__mmerung	e	15	ä	10	12	f__rtig	e	1	ä	21
13	die Best__chung	e	13	ä	19	13	verbr__nnen	e	24	ä	18
14	die Erk__nntnis	e	15	ä	20	14	k__rnig	e	20	ä	19
15	das Verd__rben	e	17	ä	16	15	allm__hlich	e	10	ä	21
16	der Z__ntner	e	14	ä	23	16	zul__tzt	e	23	ä	12
17	das Gel__nder	e	24	ä	22	17	gr__sslich	e	15	ä	14
18	das Gesch__nk	e	18	ä	19	18	h__sslich	e	11	ä	22
19	der Sch__del	e	15	ä	21	19	l__rmen	e	12	ä	13
20	der Kapit__n	e	12	ä	20	20	sch__rzen	e	18	ä	19
21	der Ges__lle	e	24	ä	23	21	l__rnen	e	9	ä	10
22	der M__rz	e	17	ä	16	22	g__hnen	e	7	ä	19
23	das Gel__nk	e	19	ä	20	23	leb__ndig	e	17	ä	20
24	der Eichelh__her	e	21	ä	23	24	erw__hnen	e	4	ä	10

Denk nach und schreibe richtig!

Wenn du überlegst, wie das richtige Wort in der Einzahl heißt, hörst du, dass nicht alle Wörter mit eu geschrieben werden: ▸ das Maul; ▸ die Braut

1

eu	18
äu	7

9

eu	16
äu	9

17

eu	17
äu	5

2

eu	11
äu	3

10

eu	4
äu	10

18

eu	10
äu	9

3

eu	16
äu	22

11

Eu	2
Äu	14

19

eu	14
äu	18

4

eu	20
äu	1

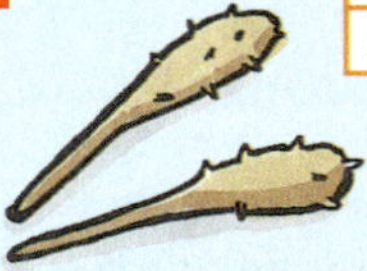

12

eu	5
äu	6

20

eu	1
äu	7

5

eu	21
äu	15

13

eu	19
äu	8

21

eu	15
äu	3

6

eu	24
äu	12

14

eu	12
äu	23

22

eu	11
äu	12

7

eu	17
äu	5

15

eu	3
äu	21

23

eu	14
äu	19

8

eu	13
äu	8

16

eu	8
äu	4

24

eu	21
äu	16

Kannst du das?

Überlege, ob das Wort in der Grundform ein au hat oder nicht! Dann weißt du, ob du eu oder äu einsetzen musst: der L__fer ► laufen; bet__ben ► taub

1	das Z__gnis	eu	16	äu	18
2	die M__terei	eu	14	äu	10
3	die Str__cher	eu	2	äu	17
4	die St__ern	eu	15	äu	22
5	die L__se	eu	6	äu	23
6	die R__me	eu	20	äu	13
7	die Tr__me	eu	9	äu	19
8	die Fr__nde	eu	21	äu	10
9	die Kr__ter	eu	11	äu	18
10	die Tr__e	eu	24	äu	12
11	die B__te	eu	22	äu	9
12	der R__ber	eu	7	äu	20
13	das Gem__er	eu	4	äu	3
14	das K__zchen	eu	2	äu	1
15	die Schl__se	eu	5	äu	6
16	das Abent__er	eu	4	äu	10
17	der L__fer	eu	12	äu	8
18	die S__che	eu	6	äu	11
19	der Verk__fer	eu	13	äu	7
20	die L__te	eu	10	äu	9
21	der K__fer	eu	14	äu	12
22	die R__e	eu	2	äu	5
23	die Fr__de	eu	9	äu	19
24	der S__gling	eu	21	äu	11

1	l__ten	eu	19	äu	23
2	t__schen	eu	6	äu	9
3	str__en	eu	20	äu	2
4	h__len	eu	24	äu	5
5	s__bern	eu	8	äu	13
6	k__chen	eu	10	äu	21
7	sch__men	eu	16	äu	3
8	l__gnen	eu	17	äu	12
9	schl__dern	eu	19	äu	7
10	r__chern	eu	4	äu	14
11	bet__ben	eu	8	äu	18
12	n__lich	eu	4	äu	15
13	s__erlich	eu	1	äu	11
14	d__tlich	eu	21	äu	22
15	k__flich	eu	6	äu	7
16	br__nlich	eu	2	äu	12
17	f__rig	eu	15	äu	5
18	h__fig	eu	13	äu	8
19	t__er	eu	16	äu	6
20	h__te	eu	5	äu	15
21	n__n	eu	1	äu	2
22	gl__big	eu	12	äu	22
23	sch__	eu	6	äu	16
24	ger__mig	eu	4	äu	2

Einfach oder doppelt?

Wenn du die Wörter langsam und deutlich sprichst, als ob du sie trennen wolltest, kannst du den Doppelbuchstaben hören: Ham-mer, aber: Blu-me

1

m	15
mm	11

2

m	19
mm	9

3

m	16
mm	3

4

m	18
mm	24

5

m	22
mm	21

6

m	8
mm	20

7

m	13
mm	7

8

m	12
mm	5

9

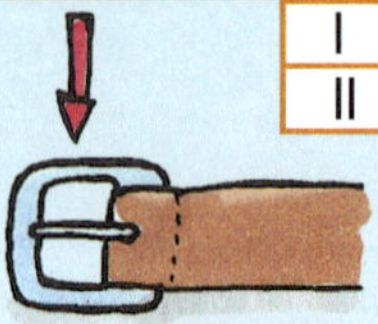

l	10
ll	15

10

l	22
ll	4

11

l	6
ll	18

12

l	2
ll	7

13

l	17
ll	23

14

l	20
ll	7

15

l	3
ll	6

16

l	12
ll	10

17

n	1
nn	11

18

n	4
nn	24

19

n	20
nn	14

20

n	17
nn	19

21

n	15
nn	9

22

n	20
nn	21

23

n	6
nn	8

24

n	16
nn	10

Einfach oder doppelt?

1	Der H__ ist bewölkt.	imel	20	immel	19
2	In der Pf__ braten die Eier.	ane	17	anne	22
3	Der letzte S__ war sehr trocken.	omer	21	ommer	24
4	Jutta probiert die R__schuhe aus.	ol	16	oll	20
5	Vom Frühstück liegen Kr__ herum.	ümel	17	ümmel	13
6	Der Schw__ kommt ans Ufer.	an	21	ann	23
7	Die D__ geht spazieren.	ame	16	amme	18
8	Der M__ tapeziert die Wohnung.	aler	13	aller	14
9	Ulli trägt einen lila P__.	uli	15	ulli	23
10	Er braucht die Gießk__ im Garten.	ane	7	anne	18
11	Das Obst liegt in der Sch__.	ale	14	alle	10
12	Die Kinder gehen gern zur Sch__.	ule	15	ulle	11
13	Wir h__ heute die Oma ab.	olen	7	ollen	8
14	Die Hunde b__ auf dem Hof.	elen	4	ellen	10
15	Wir kr__ in alten Sachen.	amen	11	ammen	12
16	Die Schüler m__ ein Bild.	alen	8	allen	3
17	Die Bienen s__ zwischen den Blumen.	umen	1	ummen	4
18	Hoffentlich gew__ wir das Spiel.	inen	5	innen	12
19	Die Äpfel f__ vom Baum.	alen	9	allen	3
20	Die Streitenden br__ sich an.	ülen	2	üllen	1
21	Die Ergebnisse st__ nicht.	imen	6	immen	5
22	Sie k__ ihre Nachbarn.	enen	19	ennen	9
23	Müllers pl__ ihren nächsten Urlaub.	anen	2	annen	22
24	Die Kerzen br__ schnell herunter.	enen	24	ennen	6

Vorsicht!
Hier kannst du dich leicht versehen!

1

m	17
mm	7

2

m	1
mm	11

3

m	20
mm	10

4

m	6
mm	16

5

m	13
mm	3

6

m	14
mm	4

7

m	12
mm	7

8

m	18
mm	23

9

l	9
ll	22

10

l	15
ll	4

11

l	12
ll	24

12

l	20
ll	19

13

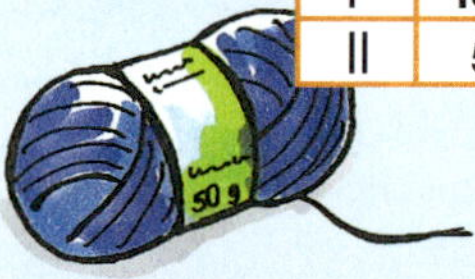

l	15
ll	5

14

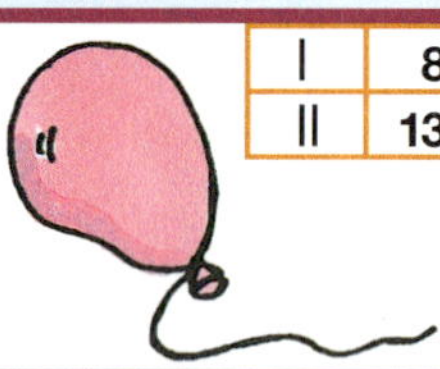

l	8
ll	13

15

l	21
ll	16

16

l	11
ll	18

17

n	19
nn	9

18

n	16
nn	22

19

n	2
nn	8

20

n	11
nn	21

21

n	10
nn	15

22

n	2
nn	12

23

n	24
nn	14

24

n	9
nn	16

Denk an die Grundform! Dann hörst du die Doppelbuchstaben!

Knal-len; aber: wan-dern

1	Er kn__t die Mappe auf den Tisch.	al	2	all	16
2	Sie r__t die Treppe hinunter.	en	19	enn	18
3	Das Kind kl__pert auf dem Klavier.	im	13	imm	23
4	Die Kollegin k__t morgen wieder.	om	6	omm	15
5	Er f__t über den Papierkorb.	äl	12	äll	1
6	Der Elefant tr__pelt durch den Wald.	am	17	amm	11
7	Die Gruppe w__dert den ganzen Tag.	an	5	ann	24
8	Das Boot k__tert im Fluss.	en	3	enn	9
9	Der Bär br__t vor Vergnügen.	um	15	umm	14
10	Die Wand tr__t die beiden Zimmer.	en	8	enn	2
11	Der Schlüssel kl__t im Schloss.	em	10	emm	4
12	Sie st__pert über die Türschwelle.	ol	6	oll	12
13	Der Schüler gew__t den 1. Preis.	in	22	inn	21
14	Der Patient k__pft gegen das Fieber.	äm	23	ämm	24
15	Sie n__t ihren Namen nicht.	en	8	enn	19
16	Sie st__t ihr Baby.	il	9	ill	22
17	Der Künstler m__t ein Aquarell.	al	12	all	10
18	Der Hund w__dert im Revier.	il	20	ill	14
19	Die Sonne bl__det beim Auto fahren.	en	11	enn	18
20	Der Ball r__t über die Straße.	ol	16	oll	10
21	Diese Leute sind s__ten anzutreffen.	el	8	ell	7
22	Das Flugzeug l__det in Paris.	an	24	ann	23
23	Der Gast s__t sich auf der Terrasse.	on	15	onn	9
24	Der Gewichtheber st__t Gewichte.	em	8	emm	7

Einfach oder doppelt?

Wenn du die Wörter in Silben einteilst, hörst du den Doppelbuchstaben: Trep-pe, aber: Spa-ten

1

t	8
tt	5

2

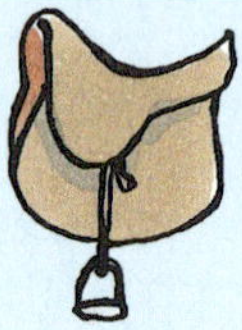

t	15
tt	12

3

t	9
tt	19

4

t	18
tt	7

5

t	16
tt	4

6

t	11
tt	23

7

t	17
tt	6

8

t	2
tt	14

9

p	10
pp	21

10

p	3
pp	20

11

p	21
pp	1

12

p	24
pp	5

13

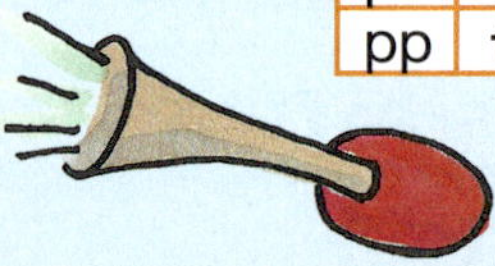

p	20
pp	13

14

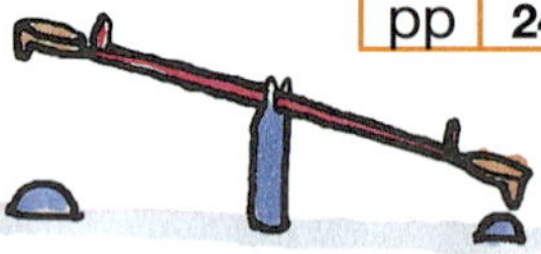

p	23
pp	24

15

p	22
pp	15

16

p	14
pp	19

17

f	18
ff	12

18

f	21
ff	11

19

f	7
ff	17

20

f	14
ff	13

21

f	15
ff	16

22

f	17
ff	23

23

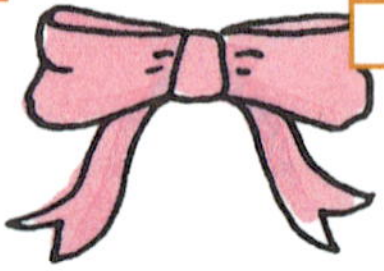

f	13
ff	21

24

f	14
ff	15

Einfach oder doppelt?

1	Das G	iter	11
		itter	13
2	Die Pf	ote	15
		otte	4
3	die L	ipe	9
		ippe	6
4	die Str	afe	2
		affe	7
5	der K	äfig	11
		affig	17
6	die St	ufe	4
		uffe	24
7	der Schl	iten	20
		itten	9
8	die L	upe	7
		uppe	22
9	die S	upe	1
		uppe	17
10	die Kr	ipe	3
		ippe	24
11	die Kr	öte	20
		ötte	5
12	das W	apen	14
		appen	22
13	sch	afen	21
		affen	1
14	h	upen	3
		uppen	18
15	w	eten	10
		etten	5
16	schl	afen	14
		affen	19
17	br	aten	21
		atten	23
18	pr	üfen	18
		üffen	16
19	bl	uten	10
		utten	8
20	h	ofen	12
		offen	19
21	br	üten	23
		ütten	13
22	sch	üteln	15
		ütteln	16
23	kl	apern	6
		appern	8
24	tr	efen	2
		effen	12

Vorsicht!
Hier kannst du dich leicht versehen!

1

t	12
tt	19

2

t	17
tt	8

3

t	21
tt	10

4

t	24
tt	11

5

t	4
tt	9

6

t	14
tt	7

7

t	1
tt	2

8

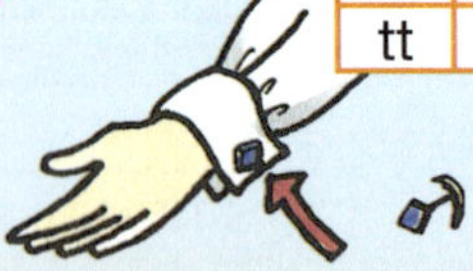

t	6
tt	5

9

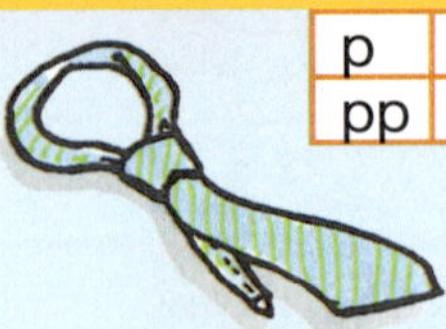

p	9
pp	16

10

p	3
pp	22

11

p	23
pp	6

12

p	2
pp	20

13

p	13
pp	23

14

p	19
pp	18

15

p	15
pp	22

16

f	17
ff	24

17

f	20
ff	14

18

f	21
ff	16

19

f	14
ff	13

20

f	18
ff	17

21

f	15
ff	16

22

f	19
ff	20

23

f	17
ff	18

24

f	15
ff	16

Weißt du hier Bescheid?

1	die Schr	ift	19	ifft	5
2	der M	atsch	21	attsch	22
3	die Kr	aft	24	afft	15
4	der D	uft	8	ufft	13
5	der S	aft	5	afft	11
6	das F	uter	18	utter	22
7	die K	ape	2	appe	15
8	der K	itel	16	ittel	13
9	das W	eter	7	etter	11
10	der Pf	efer	9	effer	18
11	die M	ote	23	otte	2
12	die Gr	ipe	20	ippe	16
13	kl	atschen	7	attschen	3
14	kr	äftig	9	äfftig	12
15	kn	ipsen	23	ippsen	4
16	b	eteln	1	etteln	20
17	l	üften	3	üfften	17
18	f	ütern	10	üttern	12
19	schn	atern	14	attern	4
20	h	aften	1	afften	6
21	r	utschen	17	uttschen	19
22	r	atern	21	attern	10
23	d	uften	14	ufften	24
24	h	opeln	8	oppeln	6

Einfach oder doppelt?

Die Silbentrennung kann dir helfen: Kes-sel, aber: Be-sen

1

s	24
ss	15

2

s	13
ss	12

3

s	21
ss	18

4

s	16
ss	9

5

s	6
ss	23

6

s	1
ss	14

7

s	2
ss	19

8

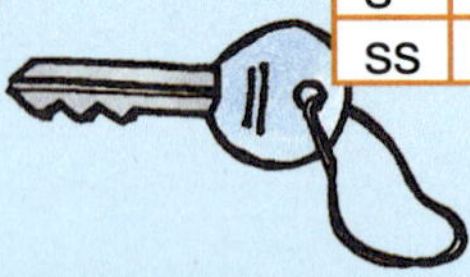

s	10
ss	4

9

s	11
ss	17

10

s	5
ss	8

11

s	7
ss	3

12

s	1
ss	9

13

s	23
ss	22

14

s	19
ss	20

15

s	24
ss	12

16

s	21
ss	11

17

s	10
ss	7

18

s	23
ss	15

19

s	8
ss	6

20

s	9
ss	14

21

s	13
ss	11

22

s	16
ss	19

23

s	10
ss	17

24

s	22
ss	12

Einfach oder doppelt?

1	die Bl	ase	23	asse	14
2	das Ge	wisen	18	wissen	9
3	das W	aser	2	asser	20
4	der R	asen	12	assen	16
5	die Fl	iesen	1	iessen	5
6	die M	ase	13	asse	10
7	die Kr	ese	4	esse	21
8	der Tr	esor	17	essor	24
9	die R	eise	7	eisse	19
10	die Kl	ase	15	asse	14
11	der R	use	16	usse	6
12	der Tr	esen	22	essen	13
13	die Pr	ese	18	esse	11
14	die B	ase	3	asse	4
15	die R	ase	2	asse	19
16	die W	iese	24	iesse	9
17	die Spr	ose	16	osse	15
18	die D	ose	8	osse	23
19	die Hor	nise	6	nisse	16
20	die H	ose	5	osse	13
21	der Gl	aser	13	asser	3
22	die Ku	lise	10	lisse	4
23	das … bein	Nasen	18	Nassen	14
24	der … onar	Misi	12	Missi	2

Einfach oder doppelt?

1

w	20
ww	10

2

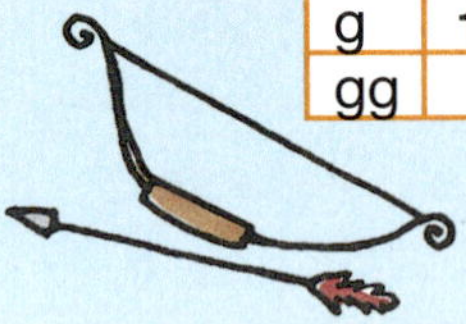

g	12
gg	2

3

g	17
gg	7

4

der W

agon	19
aggon	9

5

der M

agen	1
aggen	24

6

g	11
gg	14

7

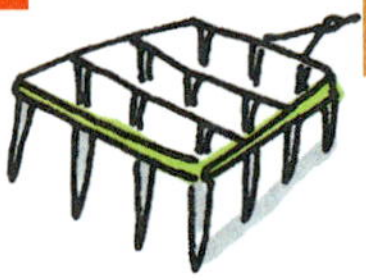

g	15
gg	5

8

g	3
gg	13

9

das Gesch

ir	7
irr	8

10

die Schn

ur	2
urr	14

11

die Sch

ar	4
arr	10

12

r	12
rr	6

13

r	15
rr	21

14

r	23
rr	24

15

r	14
rr	19

16

r	22
rr	15

17

b	18
bb	8

18

b	20
bb	22

19

die Kr

aben	24
abben	17

20

die Garde

robe	16
robbe	6

21

d	7
dd	14

22

d	24
dd	4

23

d	10
dd	15

24

d	13
dd	9

Setze den richtigen Buchstaben ein!

1

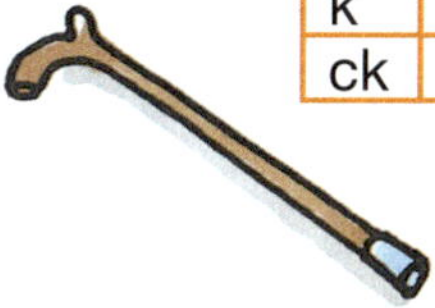

k	6
ck	13

2

k	15
ck	2

3

k	4
ck	18

4

k	14
ck	8

5

k	24
ck	12

6

k	10
ck	16

7

k	22
ck	9

8

k	7
ck	20

9

k	11
ck	17

10

k	21
ck	23

11

k	19
ck	20

12

k	21
ck	15

13

k	2
ck	8

14

k	9
ck	4

15

k	6
ck	5

16

k	7
ck	1

17

k	16
ck	9

18

k	5
ck	11

19

k	10
ck	15

20

k	14
ck	7

21

k	11
ck	18

22

k	21
ck	3

23

k	19
ck	8

24

k	12
ck	17

Weißt du, wie es richtig ist?

1	der Dr	uker	8
		ucker	24
2	der P	okal	22
		ockal	21
3	der R	üken	10
		ücken	19
4	die Windp	oken	12
		ocken	23
5	die Str	iknadel	20
		icknadel	8
6	das D	okument	21
		ockument	7
7	der N	ikolaus	10
		ickolaus	11
8	die Bl	okflöte	9
		ockflöte	12
9	das P	äkchen	18
		äckchen	20
10	der B	oksprung	16
		ocksprung	7
11	die Fr	ikadelle	11
		ickadelle	14
12	der B	ükling	17
		ückling	9

13	qu	aken	18
		acken	4
14	bl	öken	16
		öcken	13
15	h	äkeln	14
		äckeln	3
16	str	iken	6
		icken	17
17	dr	üken	2
		ücken	4
18	p	aken	15
		acken	13
19	p	okern	3
		ockern	5
20	schm	üken	1
		ücken	6
21	w	eken	24
		ecken	2
22	m	äkeln	15
		äckeln	22
23	m	ekern	19
		eckern	5
24	w	ikeln	23
		ickeln	1

Vorsicht!
Hier geht es oft anders als du denkst!

1

k	5
ck	6

2

k	14
ck	13

3 der

Elek	16	triker
Eleck	17	

4 der T

akt	18
ackt	17

5 der Tr

ik	4
ick	3

6 der

Trak	2	tor
Track	1	

7

k	14
ck	19

8

k	12
ck	11

9

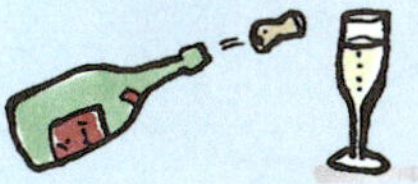

k	15
ck	10

10 das

Flik	9	werk
Flick	4	

11 der

Dok	24	tor
Dock	23	

12 der Tr

eker	20
ecker	8

13 der

Rek	17	tor
Reck	12	

14 der

Dik	7	kopf
Dick	1	

15 der

Hek	20	antrieb
Heck	21	

16

k	12
ck	6

17 der Ano

rak	7
rack	23

18

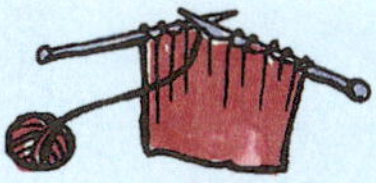

k	14
ck	22

19 die

Bak	20	terien
Back	10	

20 das

Dik	23	tat
Dick	12	

21 der

Dok	10	arbeiter
Dock	9	

22 die

Akten	14	tasche
Ackten	16	

23

k	18
ck	12

24

k	10
ck	14

Setze den richtigen Buchstaben ein!

1

z	18
tz	7

2

z	16
tz	11

3

z	10
tz	19

4

z	6
tz	8

5

z	4
tz	20

6

z	12
tz	13

7

z	5
tz	15

8

z	21
tz	1

9

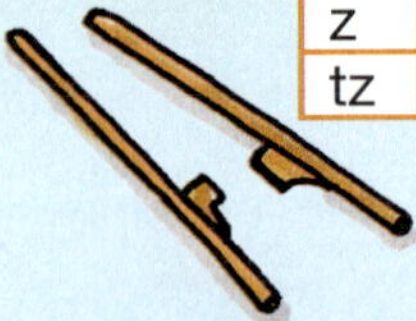

z	9
tz	19

10

z	23
tz	3

11

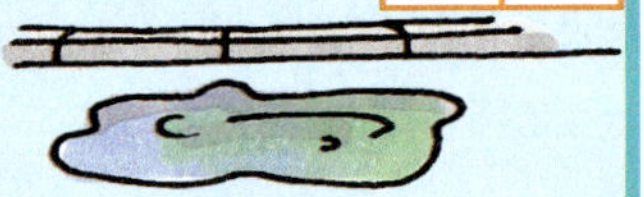

z	22
tz	2

12

z	6
tz	16

13

z	19
tz	20

14

z	24
tz	23

15

z	22
tz	21

16

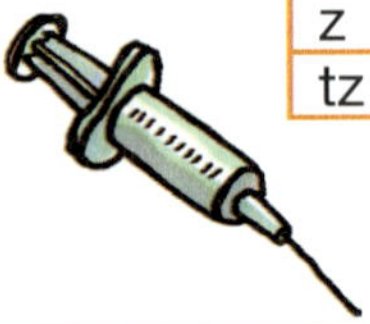

z	24
tz	20

17

z	17
tz	18

18

z	21
tz	16

19

z	14
tz	18

20

z	12
tz	13

21

z	16
tz	15

22

z	24
tz	23

23

z	13
tz	14

24

z	16
tz	17

Setze den richtigen Buchstaben ein!

1

z	10
tz	24

2

z	23
tz	2

3

z	18
tz	20

4

Wan

ze	9
tze	19

5

die Fr

aze	6
atze	1

6

der Schw

äzer	8
ätzer	12

7

z	17
tz	24

8

z	13
tz	21

9

z	7
tz	17

10

z	18
tz	14

11

das ... korn

Weizen	22
Weitzen	4

12

das ... fix

Kruzi	6
Krutzi	11

13

die H

ize	18
itze	3

14

die No

tiz	11
titz	24

15

z	9
tz	19

16

z	15
tz	4

17

z	5
tz	13

18

z	2
tz	8

19

die Stra

paze	18
patze	24

20

der Schma

rozer	15
rotzer	16

21

z	13
tz	23

22

z	17
tz	24

23

z	10
tz	15

24

z	2
tz	12

Weißt du den richtigen Buchstaben?

1

ch	7
sch	24

2

ch	9
sch	19

3

ch	13
sch	12

4

ch	20
sch	2

5

ch	18
sch	17

6

ch	22
sch	10

7

ch	3
sch	2

8

ch	1
sch	8

9

ch	23
sch	5

10

ch	15
sch	6

11

ch	24
sch	14

12

ch	4
sch	11

13

ch	18
sch	19

14

ch	21
sch	22

15

ch	10
sch	11

16

ch	5
sch	8

17

ch	15
sch	16

18

ch	24
sch	2

19

ch	22
sch	16

20

ch	13
sch	14

21

ch	18
sch	5

22

ch	22
sch	23

23

ch	2
sch	7

24

ch	17
sch	18